BEI GRIN MACHT SICH IHR WISSEN BEZAHLT

Philipp Stroehle

Sozialhistorische Migrationsforschung nach Klaus J. Bade - ein Überblick

GRIN Verlag

Bibliografische Information der Deutschen Nationalbibliothek:

Die Deutsche Bibliothek verzeichnet diese Publikation in der Deutschen National-bibliografie; detaillierte bibliografische Daten sind im Internet über http://dnb.d-nb.de/ abrufbar.

Impressum:

Copyright © 2011 GRIN Verlag GmbH
Druck und Bindung: Books on Demand GmbH, Norderstedt Germany
ISBN: 978-3-656-13288-2

Dieses Buch bei GRIN:

http://www.grin.com/de/e-book/171871/sozialhistorische-migrationsforschung-nach-klaus-j-bade-ein-ueberblick

GRIN - Your knowledge has value

Der GRIN Verlag publiziert seit 1998 wissenschaftliche Arbeiten von Studenten, Hochschullehrern und anderen Akademikern als eBook und gedrucktes Buch. Die Verlagswebsite www.grin.com ist die ideale Plattform zur Veröffentlichung von Hausarbeiten, Abschlussarbeiten, wissenschaftlichen Aufsätzen, Dissertationen und Fachbüchern.

Besuchen Sie uns im Internet:

http://www.grin.com/

http://www.facebook.com/grincom

http://www.twitter.com/grin_com

Modul: 1.2 Grundlagen der historischen Migrationsforschung
Übung: „Einführung in die Historische Migrationsforschung" im WS 2010/11

»Sozialhistorische Migrationsforschung«

Referatsverschriftlichung

Eingereicht von:

Philipp Stroehle

Studiengang: Master „Internationale Migration und interkulturelle Beziehungen"

1. Fachsemester

Eingereicht am: 21.02.2011

Inhaltsverzeichnis

1. Einleitung

In der Übung „Einführung in die Historische Migrationsforschung" im Rahmen des Studiums der Internationalen Migration und der interkulturellen Beziehungen hatten Gruppen von Studierenden die Aufgabe, Sitzungen in der Veranstaltung thematisch vorzubereiten und mithilfe einer prägnanten Präsentation die Grundlage für eine anschließende Diskussion zu legen.

Nachfolgend sollen die wesentlichen Aspekte des Referats für die Sitzung „Methodologien[1] im Blick" vom 02. Dezember 2010 dargelegt werden. Als Diskussionsgrundlage für die Veranstaltung wurde der Text „Sozialhistorische Migrationsforschung" von Klaus J. Bade verwendet, der 1988 veröffentlicht wurde.

Eingangs gilt es, den Autor des o. g. Textes kurz vorzustellen, woraufhin dann vordergründig auf den Beitrag zur Sozialhistorischen Migrationsforschung selbst einzugehen ist. Anschließend soll versucht werden, weitere Beiträge zu diesem Thema in die Überlegungen mit einzubeziehen sowie die Diskussionsbeiträge aus der Sitzung nachzuzeichnen. Da sich diese Arbeit als Referatsverschriftlichung und explizit nicht als wissenschaftliche Hausarbeit versteht, wird darauf verzichtet, den Verlauf der Gruppendiskussion so profund wiederzugeben, dass einzelne Beiträge den jeweiligen Rednern zuzuordnen wären. Vielmehr soll hier darauf abgestellt werden, relevante Grundfragen anzusprechen und auf diese nach Möglichkeit im Sinne einer Nachbereitung der Diskussion noch einmal zu reagieren.

---

[1] **Methodologien** die; -, ...ien <gr.-nlat.>: Methodenlehre, Theorie der wissenschaftlichen Methoden. [Duden 5, 2001].

3

2. Biographisches zu Klaus J. Bade

Prof. em. Dr. phil. habil. Klaus Jürgen Bade wurde 1944 in Sierentz (Elsass) geboren. Er studierte Geschichte, Germanistik, Politik- und Sozialwissenschaften, bevor er 1972 an der Friedrich-Alexander-Universität (FAU) Erlangen-Nürnberg promoviert wurde. 1979 habilitierte Bade sich im Bereich der Neueren und Neusten Geschichte ebenfalls an der FAU Erlangen-Nürnberg. Nach einer Lehrstuhlvertretung und einer Ernennung zum Professor auf Zeit erhielt Bade 1982 schließlich den Ruf an die Universität Osnabrück, um dort den neu eingerichteten Lehrstuhl für Neueste Geschichte zu übernehmen. 1991 gründete er dann in Osnabrück das Institut für Migrationsforschung und interkulturelle Studien (IMIS). Bade ist überdies Begründer und Herausgeber bzw. Mitherausgeber der IMIS-Schriften und IMIS-Beiträge sowie der Studien zur Historischen Migrationsforschung (SHM). Zudem zählt er zu den Mitbegründern des bundesweiten wissenschaftlichen Rates für Migration (RfM).

Klaus J. Bade wurde zum 01. Oktober 2007 emeritiert und ist heute weiterhin hauptsächlich in Berlin als Migrationsexperte und Politikberater in vielen Funktionen, die er bekleidet, tätig. Weitere Informationen zu seiner umfassenden Biographie sind u. a. seiner Homepage im Internet [www.kjbade.de] zu entnehmen.[2]

---

[2] Vgl. u. a. Bade 2007: 35; Bade o. J.; IMIS o. J.

3. Sozialhistorische Migrationsforschung

In seinem Text „Sozialhistorische Migrationsforschung" von 1988 unternimmt Bade den Versuch einer operationalen (Forschungs-) Felddefinition. Hierfür benennt er drei für ihn wesentliche Schritte. *Erstens* widmet er sich der Lokalisierung Sozialhistorischer Migrationsforschung im Kontext Historischer Sozialwissenschaften, *zweitens* der Abgrenzung gegenüber anderen Bereichen der Migrationsforschung und *drittens* der Abgrenzung gegenüber der einfachen Beschreibung und Erklärung von Wanderungsgeschehen im Sinne eines intuitiven Sinnverstehens.[3]

3.1 Lokalisierung oder Eingrenzung

„Migration [sei] als Sozialprozess so in den interdependenten Zusammenhang der Entwicklung von Bevölkerung, Wirtschaft und Gesellschaft einzubetten, dass Multidimensionalität und Multikausalität dieses komplexen Teilbereichs gesellschaftlicher Wirklichkeit im historischen Prozeß erfaßbar werden."[4]

Die Sozialhistorische Migrationsforschung verfolge eher einen strukturgeschichtlichen Ansatz. Im Gegensatz zur Ereignisgeschichte oder der Personengeschichte stehen hier demnach überindividuelle, gesamtgesellschaftliche Strukturen und Prozesse im Vordergrund, oder, wie Bade es formuliert, das „Wanderungsgeschehen der großen Zahl."[5] Dabei ist zu betonen, dass natürlich auch individuelle Faktoren von Migranten von Relevanz sind, diese aber nicht allein und auch nicht bloß in additiver Form Bedeutung erlangen, sondern vielmehr erst im Zusammenspiel mit teils unbewussten, überindividuellen Wirkungszusammenhängen im Kollektiv oder einer Gruppe. Zu den individuellen Faktoren zählt Bade Bedürfnisse, Wünsche, Ängste, Hoffnungen und Träume von Individuen, die Sozialhistorische Migrationsforschung alle vor ein methodisches Problem stellen, dass sie nämlich, wie auch sonst alle relevanten Faktoren, der Geschichtswissenschaft nur soweit zugänglich sein

---

[3] Bade 1988: 63.
[4] Ebd.
[5] Ebd.

5

können, wie es die verfügbaren Quellen erlauben. Auch wenn der Fokus schwerpunktmäßig auf Kollektivphänomene gerichtet ist, so dienen Untersuchungen individuellen Verhaltens doch immer auch als Kontrollinstanz für die überindividuell konstruierten Zusammenhänge.[6]

3.2 Abgrenzung

Zuvorderst verteidigt Bade hier einige gängige Verfahrensweisen der Sozialhistorischen Migrationsforschung, indem er bemerkt, dass diese nicht ohne weitere historische Fach- oder Forschungsrichtungen und ihre Nachbardisziplinen auskommen könne. Ideen dieser würden in der Sozialhistorischen Migrationsforschung durchaus übernommen und in einen neuen systematischen Zusammenhang gebracht. Dieser Eklektizismus[7] sei jedoch konstitutiv und nicht als diffuser Methodensynkretismus[8] misszuverstehen. Die Chance läge in der interdisziplinären Herangehensweise, die eine Erweiterung und Vertiefung des Erkenntnisvermögens ermögliche. Um dies zu verdeutlichen, führt Bade in seinem Text drei Beispiele an, wobei hier nur auf das ökonomische Erklärungsmodell eingegangen werden soll.[9]

Das ökonomische Erklärungsmodell, insbesondere die Arbeitsmarkttheorie der räumlichen Mobilität, stellt auf den Zusammenhang zwischen Arbeitsmarkt und Wanderungsbewegungen ab, wobei besonders konjunkturelle und einkommensdifferenzielle Push- und Pull-Faktoren von Bedeutung sind. Bade zeigt an diesem Beispiel auf, dass sich dieser Erklärungsansatz lediglich als Teilerklärung heranziehen lässt. Da er außerökonomische wanderungsbefördernde bzw. -hemmende Aspekte jedoch vernachlässige, berge er das Risiko einer „historischen Nonsens-Korrelation"[10]. Dies sei vor allem daher möglich, da der Entschluss zur Wanderung und dessen Realisierung nicht zwingend zeitgleich stattfinden

---

[6] Bade 1988: 63 f.
[7] Elklleklti1zislmus der; - <gr.-nlat.>: 1. (abwertend) unoriginelle, unschöpferische geistige Arbeitsweise, bei der Ideen anderer übernommen od. zu einem System zusammengetragen werden. [Duden 5, 2001].
[8] Synlkreltislmus der; - <gr.-nlat.>: 1. Vermischung verschiedener Religionen, Konfessionen od. philosophischer Lehren, meist ohne innere Einheit (z. B. in der späten Antike). [Duden 5, 2001].
[9] Bade 1988: 64 f.
[10] Ebd., 66.

müssten. Bade warnt daher vor einer Reduzierung des Menschen auf ein „anthropoides animal rationale migrans"[11].

3.3   Aufgabenstellungen

Als Aufgabenstellungen Sozialhistorischer Migrationsforschung führt Bade drei wesentliche Punkte an. Zum einen gehe es um die Untersuchung des Wanderungsgeschehens im Gesamtkontext, zum anderen um die differenzierte Analyse des Wanderungsverhaltens unter Berücksichtigung der Ausgangs- und Zielräume sowie der Push- und Pull-Faktoren. Letztlich müssten die erstgenannten Punkte eingebettet werden in die Bevölkerungs-, Wirtschafts-, Sozial- und Kulturgeschichte der betreffenden Ausgangs- und Zielräume. Das Wanderungsgeschehen sei dabei als umfassender Prozess „von der Soziogenese latenter Wanderungsbereitschaft"[12] bis hin zum mitunter „intergenerativen Sozialprozess"[13] der Eingliederung in der Zielgesellschaft aufzufassen.

3.4   Beobachtungsfelder

Zu beobachten hätte Sozialhistorische Migrationsforschung „freiwillige" und unfreiwillige Migration auf Makro- und Mikroebene mittels Längsschnitts- oder Querschnittsanalysen oder mittels komplexerer räumlich und zeitlich vergleichender Methoden. Am Ende dürfe aber auch hier nicht in Vergessenheit geraten, dass auch Sozialhistorische Migrationsforschung nur in ihren nicht abschließend benannten Grenzen immer nur Teilausschnitte sozialer Wirklichkeit untersuchen könne.[14] Einen Anspruch auf das Potenzial der Generierung absoluter wissenschaftlicher Wahrheit kann auch sie, was nur wenig verwundern dürfte, nicht erheben.

---

[11] Ebd.
[12] Bade 1988: 69.
[13] Ebd.
[14] Ebd., 70 ff.

4. Weitergehende Überlegungen

Wie eingangs beschrieben, soll hier kurz auf weiteres Schrifttum zum behandelten Thema eingegangen werden, um den Blick nicht auf eine wissenschaftliche Arbeit allein zu richten.

In einer Arbeit von 2002 nennt Bade den Begriff der „Umweltflucht"[15], der im späten 20. Jahrhundert geprägt worden sei und der im oben behandelten Text noch keine Erwähnung fand. Zudem spielen hier Zuschreibungen von Migranteneigenschaften und die Anpassung von Migranten an ebensolche eine historisch und aktuell nicht zu vernachlässigende Rolle.[16] Als „'klassische' Historische Migrationsforschung"[17] wird nun bezeichnet, was 1988 noch allein zeitgemäß schien. Die Stufenabfolge, von der Soziogenese der Wanderungsbereitschaft, über die Realisierung bis hin zur Eingliederung, wäre in den 1990er Jahren durch neuere Ansätze und Fragen nach „Bewegung und Positionierung von Migranten in sozialen Räumen"[18] (Transnationalismus) ergänzt worden. Bade beschreibt Historische Migrationsforschung in diesem Text als eine relativ junge, „teils interdisziplinäre, teils transdisziplinäre Forschungsrichtung"[19], die allerdings „keine eigenständige ‚neue' wissenschaftliche Disziplin"[20] sei. Er bezieht sich auch auf Dirk Hoerder, der von der Migrationshistographie verlange, sich so zwischen Ausgangs- und Zielkontexten von Migranten zu bewegen, wie diese zu ihrer Zeit selbst.[21] Zudem gäbe es international betrachtet deutliche Unterschiede hinsichtlich der Charakterisierung Historischer Migrationsforschung. Dies zeige sich besonders zwischen klassischen Einwanderungs- und früheren europäischen Auswanderungsländern, je nach kollektiven Erinnerungen, Erfahrungen und aktuellen Problemperzeptionen.[22] Heute würde der Nutzen historischer Migrationsanalysen vor allem auch in der Chance liegen, gegenwärtige Migrationsprozesse besser einschätzen zu lernen.[23]

---

[15] Bade 2002: 23.
[16] Ebd., insb. 23 f., 42.
[17] Ebd., 25.
[18] Ebd. 27.
[19] Ebd., 31.
[20] Ebd.
[21] Ebd., 39.
[22] Ebd., 39 f.
[23] Ebd. 41.

Oltmer (2006) ergänzt, dass insbesondere die Frage nach der Integration von Zuwanderern in der Historischen Migrationsforschung immer mehr an Bedeutung gewonnen hätte.[24] Integration versteht er dabei als „das permanente Aushandeln von Teilnahmechancen und Teilhabe in […] [gesellschaftlichen] Funktionsbereichen."[25]

In seiner Enzyklopädie „Migration im 19. und 20. Jahrhundert" stellt Oltmer (2010) fest, dass die Historische Migrationsforschung in den letzten Jahren beständig gewachsen sei, was er vor allem den Diskursen über den Umgang mit aktuellen Migrationszusammenhängen zuschreibt.[26] Hinsichtlich von politischen Territorien konstatiert Oltmer, dass Migrationsbewegungen vor allem dann umfangreich dokumentiert worden seien, wenn sie grenzüberschreitender Natur gewesen wären. Binnenmigration sei daher zumeist nur unzureichend dokumentiert[27], was die Quellenlage für die Historische Migrationsforschung diesbezüglich erheblich verschlechtert. Schließlich kommt Oltmer noch zu der Feststellung, dass es für die Historische Migrationsforschung an übergreifenden Einführungen und Lehrbüchern fehle.[28]

---

[24] Oltmer 2006: 7.
[25] Ebd., 8.
[26] Oltmer 2010: IX.
[27] Ebd., 7.
[28] Ebd., 65.

5. Gruppendiskussion

An dieser Stelle soll noch prägnant auf die durchgeführte Gruppendiskussion im Anschluss an das Gruppenreferat in der Übung eingegangen werden.

Ein diskutierter Aspekt war die Problematisierung von Migration. Auch wenn Migration durchaus ein wissenschaftliches Problem darstellen könne, sollten beide Begrifflichkeiten im öffentlichen Diskurs besser voneinander getrennt bleiben, um Migration im öffentlichen Bewusstsein nicht unnötig zu problematisieren.

Hinsichtlich der Migrationsforschung wurden Fragen aufgeworfen, inwiefern einige Perspektiven aus Sicht der Zielländer häufig nicht zu einseitig wären und welche Hintergründe und Ziele sich hinter einzelnen Forschungen versteckten. Hier müssten Strukturen aufgebrochen und Transparenz hergestellt werden.

Auch in der Diskussion stellte sich die Frage nach der begrenzten Quellenlage sowie nach der Messbarkeit von migrationsrelevanten Faktoren.

Ebenso wurde die Frage danach aufgebracht, ob es sich bei dem Begriff der Sozialhistorischen Migrationsforschung um einen jüngeren Begriff handele. Bade (1988) gibt hier bereits Antwort darauf, dass es sich um einen offenbar in den 1980er Jahren vorgeschlagenen Begriff handele.[29] Zudem scheint sich der Begriff insoweit gewandelt zu haben, als heute nur noch von Historischer Migrationsforschung die Rede ist.

Des Weiteren stellte sich die Frage nach dem Mehrwert Historischer Migrationsforschung. Hier wurde insbesondere auf den Rückblickcharakter verwiesen und die Möglichkeit, mit einem gewissen zeitlichen Abstand und einer dadurch gewonnenen größeren Unbefangenheit und Übersichtlichkeit eine Neubewertung und nötigenfalls auch Umdeutung von Geschichte vornehmen zu können. Zudem ließen sich Grenzen und Begrenzungen von Wissenschaft und Forschung offenlegen.

---

[29] Bade 1988: 63.

Bibliographie

Literatur

Bade, Klaus J. (1988): Sozialhistorische Migrationsforschung. In: Hinrichs, Ernst und van
   Zon, Henk (Hg.): Bevölkerungsgeschichte im Vergleich. Studien zu den Niederlanden
   und Nordwestdeutschland. Aurich. S. 63-74.

Bade, Klaus J. (2002): Historische Migrationsforschung. In: IMIS-Vorstand (Hg.): IMIS-
   Beiträge, Heft 20/2002. Osnabrück. S. 21-44.

Bade, Klaus J. (2007): Leviten lesen. Migration und Integration in Deutschland. In: Der
   Präsident der Universität Osnabrück (Hg.): Osnabrücker Universitätsreden. Göttingen.

Oltmer, Jochen (2006): Einführung: Perspektiven historischer Migrationsforschung. In:
   IMIS-Vorstand (Hg.): IMIS-Beiträge, Heft 29/2006. Osnabrück. S. 7-14.

Oltmer, Jochen (2010): Migration im 19. und 20. Jahrhundert. München. [= Enzyklopädie
   Deutscher Geschichte, Band 86]

Internetquellen

Bade, Klaus J. (o. J.): Kurzbiographie. Berlin.
   [www.kjbade.de/index.php?gewaehltes_hauptmenue=3; Zugriff am 19.02.2011]

Institut für Migrationsforschung und Interkulturelle Studien (IMIS) (o. J.): Klaus J.
   Bade. Osnabrück. [www.imis.uni-osnabrueck.de/UEBERUNS/mitglied/bade.htm;
   Zugriff am 19.02.2011]

Maier, Michael und Karakoyun, Ercan (2011): Deutsch Türkische Nachrichten. Berlin.
   [www.deutsch-tuerkische-nachrichten.de/2011/01/14729/; Zugriff am 19.02.2011]